AF454893

(Conserver la couverture)

ARTHUR BARY

1829-1887

Ln 27 7549

Ln 27 37549

DÉPÔT LÉGAL
Seine
Nº 806
1888

ARTHUR BARY

1829-1887

EXTRAIT
DU
DISCOURS NÉCROLOGIQUE ANNUEL

PRONONCÉ DANS LA CHAPELLE DU COLLÈGE ROLLIN
LE 10 NOVEMBRE 1887
PAR

M. L'ABBÉ DE MEISSAS
PREMIER AUMÔNIER

ARTHUR BARY

Chaque année les élèves internes du collège Rollin se réunissent à la chapelle pour assister à la célébration d'un service funèbre, en mémoire de ceux qui, morts dans l'année, ont appartenu au collège Rollin, comme élèves ou comme professeurs. C'est à cette occasion que, le 10 novembre 1887, M. l'abbé Alexandre de Meissas, premier aumônier du collège Rollin, dans son discours nécrologique annuel, s'est exprimé ainsi sur M. Arthur Bary, mort le 4 février 1887 :

. . . .

. . . .

Avec M. Bary, mort le 4 février 1887, nous retrouvons l'une de ces mémoires qui ne laissent pas seulement des regrets, mais des exemples ; vous allez en juger :

Arthur Bary, né le 12 mai 1829, fit ses

études à Charlemagne, où son père professait la physique et la chimie, en même temps qu'il exerçait à l'École polytechnique les fonctions de répétiteur. Ancien élève de cette même école, et ancien lauréat de rhétorique au concours général, M. Bary père, tout en enseignant les sciences, n'avait pas cessé de cultiver les lettres. Il avait épousé la fille d'un général du premier Empire, très instruite et d'un goût très fin. Chez tous deux le cœur était au niveau de l'intelligence. Leurs soins, leurs conseils, leurs exemples communs, formèrent cette nature distinguée, qui voilait, pour ainsi dire, sous une complexion délicate, les vertus les plus fermes et les formes les plus variées du courage.

Ce caractère se révéla dès les journées de Juin 1848.

Je ne sais, Messieurs, ce que cette date éveille dans vos esprits.

Il s'agit d'un temps que vous n'avez pas

vu. Mais nous, vos anciens, nous avons passé par là; le souvenir nous en est resté comme une tache de sang sur la mémoire, et d'autres taches pareilles, bien que plus récentes, ne l'y ont pas effacée.

Il me semble que c'était hier. La voix grave du bourdon de Notre-Dame jetant sur Paris la note répétée du tocsin; les tambours battant le rappel; nos pères revêtant en toute hâte l'uniforme de la garde nationale, et nous pressant sur leur cœur avant de franchir le seuil;... puis nos mères, restées seules avec nous, l'oreille incessamment tendue au crépitement de la fusillade, aux explosions du canon, frémissant aux sinistres nouvelles; l'acharnement de l'insurrection; les généraux payant de leur vie comme les soldats l'enlèvement des barricades; l'archevêque de Paris lui-même mortellement frappé en essayant d'apporter la paix; la charpie fabriquée partout pour les blessés, et les brancards rapportant, dans les rues où l'on ne se battait pas, les pères de famille, que le devoir avait conduits dans les rues où l'on se battait.....

Cela dura quatre jours. Puis, dans mes souvenirs d'enfance, m'apparaît une autre vision, vingt fois reproduite, toujours la même, pendant plusieurs mois. La voici :

Au sourd roulement des tambours voilés de crêpe, les passants se rangent au bord des trottoirs; les hommes se découvrent, les femmes se signent; un corbillard passe, entouré d'un détachement de gardes nationaux; sur la bière, un uniforme de garde national. Derrière, souvent, des orphelins! Nous, les petits d'alors, plus émus que personne, nous pensions que celui qui venait de succomber à ses blessures eût pu être notre père!.....

Quand les journées de Juin éclatèrent, Arthur Bary avait dix-neuf ans et redoublait sa rhétorique en qualité de vétéran, après avoir fait sa philosophie. Au témoignage même d'un de ses condisciples d'alors, entré avec lui à l'École normale et qui, depuis, est devenu l'une des célébrités de la presse parisienne[1], il était « d'esprit plus fin, de goût plus délicat, de langage plus discret qu'aucun de ses camarades ». Au physique, ce sont les insurgés qui nous apprennent ce qu'il était. Quand ils le virent en face d'eux, ils l'appelaient « petit pâlot ».

M. Bary père, étant malade, ne put répondre au rappel. Le « petit pâlot » déclara qu'il le remplacerait, et, vêtu comme pour aller en classe, de sa casquette et de son paletot gris, saisissant un fusil acheté quelques jours auparavant pour faire l'exercice, il partit en compagnie du proviseur, du censeur, de l'économe et de plusieurs professeurs, qui tous faisaient partie de la garde nationale.

Après la prise d'une barricade, rue de la

1. M. Francisque Sarcey.

Tixeranderie, où ces Messieurs donnèrent en commun, voyant tomber à leurs côtés plusieurs de leurs compagnons d'armes, on demanda des hommes de bonne volonté pour garder cette barricade. Le jeune collégien fut de ceux qui s'offrirent et furent acceptés pour ce poste périlleux. Il se trouva ainsi séparé de ses compagnons du lycée.

Cependant un retour offensif de l'insurrection suivit. Le lycée même tomba en son pouvoir. La plupart de ceux qui en étaient sortis pour le service de la garde nationale étaient déjà rentrés; mais on était sans nouvelles d'Arthur. Ce fut seulement le surlendemain, vers le soir, que la troupe de ligne, regagnant du terrain, put attaquer les insurgés retranchés dans les bâtiments du collège. Pendant ce combat, les parents d'Arthur, son jeune frère et sa jeune sœur, étaient en larmes, au pied d'un crucifix, le croyant mort, et pourtant suppliant Dieu de leur rendre leur aîné ! Enfin, la place fut emportée, et, parmi les vainqueurs, se retrouva le jeune rhétoricien, aussi inquiet de sa famille que sa famille l'était de lui. Depuis deux jours il se battait comme volontaire avec l'armée.

Arthur Bary était loin pourtant d'avoir des goûts militaires. Mais il était, vous le voyez, dès l'âge de dix-neuf ans, ce qu'il fut toujours : un homme de devoir et d'honneur; tout ce qui était noble et généreux s'imposait à lui comme invinciblement.

Entré à l'École normale cette même année 1848, il en donna bientôt une nouvelle preuve.

M. Bary était fiancé; le mariage, qui devait se faire à sa sortie de l'école, comblait d'avance tous ses vœux. Mais la jeune fille, aussi impatiente que lui de les voir réalisés, s'avisa qu'elle était assez riche pour deux; elle voulut lui faire quitter l'école dès la seconde année pour se marier tout de suite. M. Bary n'avait pas de fortune; il ne crut pas digne d'accepter l'argent d'une femme, à qui il n'avait pas encore de position à offrir. Il conserva, au prix du plus cruel déchirement, l'honneur d'appartenir à l'Université de France, et ne se maria jamais.

Au sortir de l'école, M. Bary professa successivement la troisième à Saint-Omer, la rhétorique à Coutances et à Troyes. En 1857, il revint à Paris, heureux de s'y rapprocher de sa famille et d'y retrouver le milieu qui convenait le mieux à sa nature. Après avoir passé par Charlemagne, Saint-Louis et Condorcet, il trouva enfin, en 1864, sa vraie place à Rollin. Il y fit d'abord la seconde, puis la rhétorique, jusqu'en 1877, époque à laquelle sa santé le força de prendre un congé, qui devait, hélas! n'être suivi que de sa retraite définitive. Ce fut là sans doute la meilleure, la plus fructueuse part de sa vie. Professeur attachant, sympathique, ayant autant d'action sur le cœur et sur la conscience de ses élèves que sur leur esprit, visant toujours très haut, mais atteignant son but sans raideur et sans pédantisme, voilà ce que fut ici, durant treize ans, M. Arthur Bary.

La guerre de 1870 le retrouva, malgré ses quarante et un ans, ce qu'il était à dix-neuf.

La patrie était menacée au dehors, comme elle l'avait été au dedans en Juin 1848. Le service des bataillons sédentaires, auquel son âge l'appelait, ne suffit pas à son patriotisme; il s'engagea dans la garde nationale de marche.

Que ne puis-je, Messieurs, vous le faire suivre à l'Hay, à la Ville-Évrard, à Buzenval! Les balles prussiennes y fauchaient l'herbe autour de lui. Il revint sans blessure et pourtant mortellement atteint!

C'est que les marches et les contre-marches, les campements sur la neige ou sur un sol détrempé, la mauvaise nourriture, les corvées, s'ils ne tuent pas brusquement comme les balles et les obus, n'en exercent pas moins une action délétère sur les tempéraments, même les plus résistants. Quand le tempérament est délicat, comme l'était celui de M. Bary, et quand l'âme est atteinte, comme le fut en 1870 toute âme digne du nom français, cette action n'en est que plus facilement meurtrière.

Un mal terrible, dont les débuts sournois n'attirèrent pas son attention tout d'abord, mais dont la progression implacable devait le mener lentement d'une simple gêne dans les mouvements jusqu'à l'impossibilité d'aller sans aide de son lit à son fauteuil; un mal, qui ne respectait le cerveau que pour ajouter plus sûrement à d'horribles douleurs physiques la souffrance morale de sentir son état et d'en prévoir avec certitude les aggravations inévitables et le terme fatal ! l'ataxie locomotrice fut, pour M. Bary, le résultat de la guerre de 1870.

Mais cet homme avait tous les courages. Il se résigna à quitter sa classe, il souffrit, il supporta les plus pénibles infirmités, il se vit sûrement et lentement mourir, sans que jamais un murmure ou une plainte amère, un geste ou un mot d'impatience, vinssent altérer son humeur.

La religion, vous le pensez bien, n'était pas étrangère à de pareilles vertus. Dès la fin de 1885, il avait demandé qu'on eût soin d'appeler le curé de sa paroisse, dès qu'on verrait le terme approcher. Mais il réfléchit bientôt que c'était une sorte de lâcheté d'attendre ainsi le dernier moment, et voulut dès lors s'approcher des sacrements.

Quand vint la mort, M. Bary fut plus admirable que jamais. Il se fit relire son testament, augmenta des legs antérieurement faits, malgré son peu de fortune, en faveur de l'Association des anciens élèves de l'École normale et des Asiles de nuit. Lui-même dressa la liste des billets de faire-part à envoyer après sa mort. — Ses adieux à sa famille et à ses amis rappellent ceux de Socrate, autant qu'un juste de l'Église chrétienne peut être rapproché d'un sage antérieur à l'Église.

M. Bary avait été fait chevalier de la Légion d'honneur à notre distribution des prix du 6 août 1875. Cela fait surtout honneur à ceux qui l'ont décoré.

FIN

DÉSACIDIFIÉ A SABLÉ
EN : 1991

DUMOULIN
ET Cie
PARIS
AGE QUOD AGIS
RUE DES GRANDS AUGUSTINS 5
IMPRIMEURS
PARIS

www.ingramcontent.com/pod-product-compliance
Ingram Content Group UK Ltd.
Pitfield, Milton Keynes, MK11 3LW, UK
UKHW021044260726
13994UKWH00005B/2339

9 782329 433622